Erstellung eines individuellen Trainingsplans für ein gesundheitsorientiertes Ausdauertraining

GRIN :)

Bibliografische Information der Deutschen Nationalbibliothek:

Die Deutsche Nationalbibliothek verzeichnet diese Publikation in der Deutschen Nationalbibliografie; detaillierte bibliografische Daten sind im Internet über http://dnb.d-nb.de abrufbar.

ISBN: 9783346349743
Dieses Buch ist auch als E-Book erhältlich.

Druck und Bindung: Books on Demand GmbH, Norderstedt Germany
Gedruckt auf säurefreiem Papier aus verantwortungsvollen Quellen

Das vorliegende Werk wurde sorgfältig erarbeitet. Dennoch übernehmen Autoren und Verlag für die Richtigkeit von Angaben, Hinweisen, Links und Ratschlägen sowie eventuelle Druckfehler keine Haftung.

Das Buch bei GRIN: https://www.grin.com/document/989633

Deutsche Hochschule für
Prävention und Gesundheitsmanagement
Hermann Neuberger Sportschule 3
66123 Saarbrücken

Einsendeaufgabe

Fachmodul: Trainingslehre II – Gesundheitsorientiertes Ausdauertraining

Studiengang: Fitnessökonomie

Einsendeaufgabe „Trainingslehre II -

Gesundheitsorientiertes Ausdauertraining"

Deutsche Hochschule

für Prävention und Gesundheitsmanagement

Note: 0,6, Sehr gut

Inhaltsverzeichnis

1 Diagnose

1.1 Allgemeine und biometrische Daten

1.1.1 Allgemeine und biometrische Daten

Tab. 1: Allgemeine und biometrische Daten

Alter	51 Jahre
Geschlecht	weiblich
Körpergröße	1,76 m
Körpergewicht	59,8 kg
Berufliche Tätigkeit	Zahntechnikerin (überwiegend sitzende Tätigkeit)
Aktuelle sportliche Aktivitäten und geplantes Zeitbudget	Aktuell wird eine Yogakursstunde und 2 mal jeweils eine Stunde funktionelles Krafttraining im Kraftausdauerbereich (Bodyweight Training Mark Lauren) pro Woche betrieben. Das zusätzliche Ausdauertraining darf an 3 Tagen pro Woche jeweils 1 bis 1,5 Stunden dauern.
Frühere sportliche Aktivitäten	Früher hat die Klientin täglich 30 bis 60 Minuten extensives Ausdauertraining betrieben. In der Jugend wurde leistungssportlich Leichtathletik auf Kreismeisterschaftsebene betrieben.
Bisheriger wöchentlicher Energieumsatz durch sportliche Aktivitäten	Im Rahmen der Berechnung des Energieumsatzes durch sportliche Aktivität sollen die funktionellen, kraftausdauerorientierten Bewegungsformen mit dem eigenen Körpergewicht ohne Zusatzgewichte (Yoga und Bodyweight Training Marc Lauren) mit dem Referenzwert für Wirbelsäulengymnastik nach Kraut, Kübler und Schütte (1981) verglichen werden. Als Berechnungsgrundlage für den Energieumsatz der Wirbelsäulengymnastik gilt die Formel: 4,6 kcal/kg/Std. Durch Einsetzen des Körpergewichtes von 59,8 kg und einem wöchentlichen Belastungsumfang von 3 Stunden ergibt sich ein wöchentlicher Energieumsatz durch sportliche Aktivitäten von 825 Kilokalorien.
Trainingsmotive	Die Klientin möchte ihre allgemeine Fitness verbessern und eine optimale Prävention von Herz-Kreislauf-Erkrankungen erreichen. Sportliche Aktivität soll einen Ausgleich zur hohen beruflichen Stressbelastung bieten und die Regenerationsfähigkeit steigern.
Stress im Alltag	Ja (positiver Stress nach eigener Aussage)
Übergewicht/Adipositas	Nein
Allgemeine Befindlichkeit	Sehr gut
Eigene Einschätzung der momentanen Fitness	Sehr gut
Bewegungsmangel	Nein
Body-Mass-Index	19,31 (kg/m²)
Taille-Hüft-Quotient	0,78 (73cm:93cm)
Waist-to-Height-Ratio	0,41 (73cm:176cm)
Körperfettanteil	27,7 %
Durchschnittlicher Morgenpuls	54 S/min
Blutdruck in Ruhe	110/68 RR (mmHg)
Ergebnis des IPN®-Tests	125 Watt bzw. 2,09 Watt/kg Körpergewicht

1.1.2 Allgemeiner Gesundheitszustand

Tab. 2: Allgemeiner Gesundheitszustand

Medikamenteneinnahme	Ascotop® gegen Migräne bei Überlastung
Ärztliche Kontrolle/ärztliche Behandlungen	Noch nie eine allgemeine Kontrolle gemacht
Erkrankungen im letzten Monat	Keine
Operationen, Verletzungen oder Gelenkerkrankungen	Keine
Ärztlicher Wirbelsäulenbefund	Keiner
Muskelbeschwerden	Keine
Ärztlicher Herz-Kreislaufbefund	Keiner
Ärztlicher Schilddrüsenbefund	Keiner
Diabetes mellitus Typ	Keiner
Asthma / Bronchitis	Nein
Sonstige Atemwegsbeschwerden	Nein
Sonstige chronische Erkrankungen	Nein
Verordnete Diät / übermäßiger Alkoholkonsum	Nein / Nein
Schwindel / Migräne / Kopfschmerzen	Regelmäßige Migräne
Fettstoffwechselstörung	Nein
Schwangerschaft / Krampfadern	Nein
Sonstige ärztliche Befunde	Nein
Empfehlungen vom Arzt oder Physiotherapeuten	Ausdauertraining gegen Migräne (unspezifiziert)
Raucher / falsche Ernährung	Nein/Nein

1.1.3 Bewertung der biometrischen Daten

1.1.3.1 Bewertung des Body-Mass-Index

Tab. 3: Beurteilung des Body-Mass-Index für Erwachsene (BMI) (World Health Organization, 2000)

Klasse	BMI (kg/m^2)
Untergewicht	<18,5
Normalgewicht	18,5-24,9
Übergewicht	25,0-29,9

Der errechnete Body-Mass-Index von 19,31 (kg/m^2) ist gemäß des Bewertungsschemas der World Health Organization (2000) als Normalgewicht zu werten.

1.1.3.2 Bewertung des Taille-Hüft-Quotienten

Der Taille-Hüft-Quotient von 0,78 ist kleiner als 0,85, was auf eine gynoides Fettverteilungsmuster (Birnenform) schließen lässt (International Task Force for Prevention of Coronary Heart Disease, 1998; Wechsler, Hauner & Gries, 1996). Demnach besteht kein erhöhtes Risiko für das Auftreten von Herz-Kreislauferkrankungen, einem Typ-2-Diabetes, einer Hypertonie oder Fettstoffwechselstörungen (Pillmann et al., 2009).

1.1.3.3 Bewertung des Waist-to-Height-Ratio

Der Taille-Größen Index der Klientin liegt bei 0,41 und damit unter dem geschlechtsunspezifischen Grenzwert von 0,5 (Ashwell, Lejeune & McPherson, 1996). Demnach besteht kein erhöhtes kardiovaskuläres Risiko.

1.1.3.4 Bewertung des Körperfettanteils

Tab. 4: Klassifikation des Körperfettanteils (KFA) für erwachsene Frauen bis 79 Jahre (Gallagher et al., 2000)

Alter (Jahre)	KFA Frauen			
	Niedrig	Normal	Hoch	Sehr hoch
20-39	< 21%	21-33%	33-39%	> 39%
40-59	< 23%	**23-34%**	34-40%	> 40%
60-79	< 24%	24-36%	6-42%	> 42%

Der mittels Bioimpedanzanalyse (Tanita®-Fettmesswaage) ermittelte Körperfettanteil von 27,7 %, bedeutet nach der Klassifikation von Gallagher et al. (2000) für die 51-jährige Klientin einen normalen, wünschenswerten Körperfettanteil. Eins Gewichtsreduktion oder –zunahme ist aus präventiver Sicht nicht anzustreben.

1.1.3.5 Bewertung der Ruheherzfrequenz

Der Ruhepuls bei Untrainierten liegt zwischen 70 und 80 Schlägen pro Minute. Bei einer Verbesserung der Ausdauer wird die Ruhe-HF allmählich niedriger. Bei gut trainierten Ausdauersportlern (Radfahrer, Marathonläufer) liegt die Ruhe-HF bei 40-50 Schlägen pro Minute. ....

Bei Frauen ist die Herzfrequenz in Ruhe ungefähr zehn Schläge höher als bei Männern gleichen Alters. ....

Ein niedriger Morgenpuls oder Ruhepuls ist ein Trainingseffekt, der durch Ausdauertraining entsteht. Gut trainierte Ausdauerathleten haben einen niedrigen Morgenpuls. .... Aus einem niedrigen Ruhepuls können keine Schlussfolgerungen über das Leistungsvermögen gezogen werden. (Janssen & Weineck, 2003, S. 50)

Die Morgenpuls der Klientin wurde an fünf aufeinanderfolgenden Tagen (31.10.2016 bis 04.11.2016) morgens direkt nach dem Aufwachen mit einer Pulsmessuhr (POLAR FT1®, Polar Electro GmbH, Büttelborn, Deutschland) gemessen und dokumentiert. Die Ruheherzfrequenz am Morgen lag bei durchschnittlich 54 Schlägen pro Minute. Damit hat die Klientin im Vergleich zu Untrainierten einen unterdurchschnittlich niedrigen Morgenpuls. Daraus soll allerdings keine Schlussfolgerung auf das Leistungsvermögen gezogen werden. Stattdessen soll die Ruheherzfrequenz am Morgen weiter dokumentiert werden, um die Regeneration nach dem Training zu überwachen, Übertraining und Training bei Infektionen zu vermeiden und eine Pulskurve anlegen zu können. Die Pulskurve soll als individueller Referenzwert für einen intraindividuellen Leistungsvergleich dienen. Die Ruheherzfrequenz wird als Beurteilungskriterium zur Voreinstufung bei der Auswahl eines geeigneten Ausdauertests genutzt. Aus einer Senkung der Ruheherzfrequenz soll auf eine Verbesserung des Trainingszustandes geschlossen werden.

Gemäß den Ergebnissen einer chinesischen Metaanalyse von 46 prospektiven, bevölkerungsbasierten Kohortenstudien mit 1.246.203 Patienten, führt, ausgehend von 45 Herzschlägen pro Minute, jede Erhöhung der Ruheherzfrequenz um 10 Schläge/Minute, zu einer Steigerung des Sterberisikos um 9%. Bei der kardiovaskulären Mortalität gewann die Erhöhung der Ruheherzfrequenz um 10 Schläge/Minuten, ausgehend von 90 Schlägen/Minute, statistische Signifikanz (Strasser, 2015; Zhang, Shen & Qi, 2015). Im Vergleich zu diesen Referenzwerten hat die Klientin kein erhöhtes Risiko für das Auftreten von Herz-Kreislauf-Krankheiten. Das allgemeine Mortalität könnte allerdings durch eine Ruheherzfrequenzsenkung um 9 Schläge pro Minute, von 54 S/min auf 45 S/min um ca. 9 % gesenkt werden.

1.1.3.6 Bewertung des Ruheblutdrucks

Tab. 5: Blutdruckklassifikation der American Heart Association (modifiziert nach Mancia et al., 2013, S. 1286)

Bewertungsstufen	Systolischer Blutdruck	Diastolischer Blutdruck
Optimal	Unter 120 mmHg	Unter 80 mmHg
Normal	Unter 130 mmHg	Unter 85 mmHg
Hochnormal	130-139 mmHg	85-89 mmHg

Der Blutdruck der Klientin wurde am 05.11.2016 um 17:30 Uhr mit einem elektronischen, vollautomatischen Blutdruckmessgerät (boso Medicus X®, Bosch + Sohn GmbH & Co. KG, Jungingen, Deutschland) erhoben. Die Arrhythmie-Erkennung des Testgerätes zeigte hierbei keine Herzrhythmusstörung an. Das Testergebnis von 110/68 RR (mmHg) ist gemäß der Blutdruckklassifikation der American Heart Association (modifiziert nach Mancia et al., 2013, S. 1286) als optimal zu werten.

1.2 Leistungsdiagnostik mit dem IPN®-Test

1.2.1 Begründung der Auswahl des IPN®-Tests und des Belastungsschemas

Zur Leistungsdiagnostik auf dem Fahrradergometer wurde der IPN®-Test ausgewählt, um eine individuelle referenzdatenbasierte Voreinstufung der Belastbarkeit der Klientin vornehmen zu können. Das submaximale Testverfahren ist einem ausbelastendem Test vorzuziehen, da die Klientin auf Überlastung mit Migräne reagiert.

1.2.2 Voreinstufung nach Ruheherzfrequenz und Lebensalter

Tab. 6: Voreinstufung nach der Ruheherzfrequenz und Lebensalter (modifiziert nach Trunz, 2001; IPN, 2004, S. 4)

Alter/ HF(Ruhe)	<20 Jahre	20-29 Jahre	30-39 Jahre	40-49 Jahre	50-59 Jahre	60-69 Jahre	>70 Jahre
<50 S/min	140 S/min	135 S/min	130 S/min	125 S/min	115 S/min	110 S/min	105 S/min
50-59 S/min	145 S/min	140 S/min	135 S/min	125 S/min	120 S/min	115 S/min	110 S/min
60-69 S/min	145 S/min	145 S/min	135 S/min	130 S/min	125 S/min	120 S/min	115 S/min
70-79 S/min	150 S/min	145 S/min	140 S/min	135 S/min	130 S/min	125 S/min	120 S/min
80-89 S/min	155 S/min	150 S/min	145 S/min	140 S/min	135 S/min	125 S/min	125 S/min
>90 S/min	160 S/min	155 S/min	150 S/min	145 S/min	135 S/min	130 S/min	125 S/min

Mit Hilfe der erhobenen Ruheherzfrequenz von 54 S/min und dem Lebensalter von 51 Jahren kann eine vorläufige individuelle Zielherzfrequenz (Abbruchkriterium) von 120 S/min für den Fahrradergometertest ermittelt werden.

1.2.3 Voreinstufung unter zusätzlicher Berücksichtigung der Trainingshäufigkeit ausdauerrelevanter Aktivitäten

Tab. 7: Voreinstufung unter zusätzlicher Berücksichtigung der Trainingshäufigkeit ausdauerrelevanter Aktivitäten (modifiziert nach Trunz, 2001; IPN, 2004, S. 4)

Trainingszustand	Trainingshäufigkeit/ Woche	Stunden/Woche	Pulsaufschlag
Kein Ausdauertraining	Kein einziges Mal	0 Stunden	Kein Aufschlag
Wenig Ausdauertraining	1-2 mal	<1 Stunde	Kein Aufschlag
Moderates Ausdauertraining	2-3 mal	1-2 Stunden	Plus 5 S/min
Viel Ausdauertraining	3-4 mal	2-4 Stunden	Plus 10 S/min
Sehr viel Ausdauertraining	>4 mal	>4 Stunden	Plus 15 S/min

Die Klientin betreibt an 2 Tagen die Woche jeweils eine Stunde funktionelles Kraftausdauertraining, welches als moderates Ausdauertraining gewertet wird. Die vorläufige individuelle Zielherzfrequenz (Abbruchkriterium) wird deshalb mit dem Pulsaufschlag von 5 S/min addiert. Die Zielherzfrequenz nach IPN® unter Berücksichtigung der Trainingshäufigkeit ausdauerrelevanter Aktivitäten beträgt 125 S/min.

1.2.4 Auswahl des Belastungsschemas (WHO-Test vs. Hollmann-Venrath-Test)

Beim IPN®-Test kommen für das Belastungsschema nach Hollmann und Venrath nur Personen in Frage, denen per Voreinstufung eine Belastbarkeit von mindestens 150 Watt (4 Belastungsstufen) zugemessen wird. Da dies bei der Klientin nach der Voreinschätzung nicht der Fall ist, kommt das Belastungsschema der WHO zur Anwendung.

1.2.5 Durchführung des WHO-Tests

Tab. 8: WHO-Test

Testgerät:	Fahrradergometer
Belastungsart:	Submaximale Belastung, Stufentest
Eingangsbelastung:	25 Watt
Belastungssteigerung:	25 Watt
Stufendauer:	2 Minuten
Trittfrequenz:	60-80 U/min
Abbruchkriterium:	Zielherzfrequenz nach Voreinstufung sind 125 S/min, minütliche Herzfrequenzmessung
Testgröße:	Wattzahl der zuletzt durchfahrenen Belastungsstufe bei Erreichen der definierten Pulsobergrenze bzw. Zeitinterpolation, wenn die Pulsobergrenze vor dem Ende der Belastungsstufe erreicht wird.
Normbewertung:	Relative Soll-Watt-Leistung (Watt/kg Körpergewicht)
Datum und Uhrzeit:	05.11.2016 17:45 Uhr
Testgeräte:	Fahrradergometer (Life Cycle Modell CCSC®, Fife Fitness Europe GmbH, Unterschleißheim, Deutschland), Pulsmessuhr (POLAR FT1®, Polar Electro GmbH, Büttelborn, Deutschland) und Brustgurt (POLAR T31-CODED®, Polar Electro GmbH, Büttelborn, Deutschland)
Elimination von Störeinflüssen:	Die Testdurchführung erfolgt am Wochenende zur Vermeidung einer erhöhten Herzfrequenz durch eine verstärkte Katecholaminausschüttung. Am Testtag darf die Klientin kein Koffein oder Ähnliches konsumieren, da eine vermehrte Adrenalinausschüttung das Testergebnis beeinflussen würde. Der Test wird bei einer Raumtemperatur von 20 Grad durchgeführt. Für einen guten Krafteinsatz wird im Sitzen getestet. Die Testdurchführung soll am frühen Abend stattfinden. Die Ernährungsgewohnheiten sollen nicht verändert werden. In den drei Tagen vor der Testdurchführung sollen intensivere Belastungen vermieden werden. Der Test erfolgt immer auf demselben Fahrradergometer und wird vom selben Testleiter durchgeführt.

1.2.6 Testprotokoll der Klientin

Tab. 9: WHO-Testprotokoll der Klientin

Testzeit	Belastungsstufe	Watt-Leistung	Herzfrequenz
0 min	0	keine	66 S/min
1 min	1	25 Watt	74 S/min
2 min	1	25 Watt	74 S/min
3 min	2	50 Watt	77 S/min
4 min	2	50 Watt	95 S/min
5 min	3	75 Watt	97 S/min
6 min	3	75 Watt	109 S/min
7 min	4	100 Watt	112 S/min
8 min	4	100 Watt	119 S/min
9 min	5	125 Watt	124 S/min
10 min	5	125 Watt	144 S/min

Vorab wurde die Klientin mit dem Testablauf vertraut gemacht und zur Beruhigung der Herzfrequenz zehn Minuten lang hingesetzt. Pulsuhr und Brustgurt wurden angelegt und das Fahrradergometer individuell eingestellt. Zu Beginn des WHO-Tests betrug der Tagespuls 66 S/min. Der Tagespuls ist von zahlreichen internen und externen Einflüssen (Stress, Temperatur, Tageszeit etc.) abhängig. Beginnend mit einer Eingangsbelastung von 25 Watt wurde die Belastung alle 2 Minuten um jeweils 25 Watt gesteigert. Begleitend dazu, wurde nach jeder Minute die Herzfrequenz gemessen und in das Testprotokoll eingetragen. Nach 9 Minuten und 9 Sekunden wurde die definierte Pulsobergrenze erreicht. Die fünfte Belastungsstufe wurde daraufhin bis zum Ende gefahren. Beim Testende nach insgesamt 10 Minuten betrug die Herzfrequenz schon 144 S/min. Als Testergebnis dient die Wattleistung der zuletzt vollständig durchgefahrenen Belastungsstufe, bei Erreichen der definierten Pulsobergrenze von 125 S/min, also 125 Watt.

1.2.7 Bewertung des Testergebnisses

Mehr als 4 Belastungsstufen wurden durchgefahren bevor die definierte Zielherzfrequenz erreicht wurde. Dass hierdurch eine sukzessive Stoffwechselveränderung vom aeroben Bereich in Richtung des aerob-anaeroben Übergangsbereiches ermöglicht wurde, spricht für die Validität des Messergebnisses. Das Ergebnis des IPN®-Tests betrug 125 Watt. Daraus errechnet sich eine auf das Körpergewicht bezogene relative Wattleistung von 2,09 Watt/kg Körpergewicht (125 Watt: 59,8 kg). Diese relative Watt-Soll-Leistung wird zur Referenzdatenanalyse mit den Normwerten des IPN®-Testschemas für die jeweilige Altersstufe und das jeweilige Geschlecht verglichen.

Tab. 10: Normtabelle für submaximale Radergometertests – Relative Watt-Soll-Leistung (Watt pro kg) bei Frauen (modifiziert nach IPN, 2004, S.8)

Alter/Intensität	< 30	30-34	35-39	40-44	45-49	50-54	55-59	> 60	Bewertung
0,50	1,15	1,09	1,04	0,98	0,92	0,86	0,81	0,75	Sehr schlecht
0,51	1,2	1,14	1,08	1,02	0,96	0,90	0,84	0,78	Sehr schlecht
0,52	1,25	1,19	1,13	1,06	1,00	0,94	0,88	0,81	Sehr schlecht
0,53	1,3	1,24	1,17	1,11	1,04	0,98	0,91	0,85	Sehr schlecht
0,54	1,35	1,28	1,22	1,15	1,08	1,01	0,95	0,88	Sehr schlecht
0,55	**1,40**	**1,33**	**1,26**	**1,19**	**1,12**	**1,05**	**0,98**	**0,91**	**Schlecht**
0,56	1,45	1,38	1,31	1,23	1,16	1,09	1,02	0,94	Schlecht
0,57	1,5	1,43	1,35	1,28	1,20	1,13	1,05	0,98	Schlecht
0,58	1,55	1,47	1,40	1,32	1,24	1,16	1,09	1,01	Schlecht
0,59	1,60	1,52	1,44	1,36	1,28	1,20	1,12	1,04	Schlecht
0,60	**1,70**	**1,62**	**1,53**	**1,45**	**1,36**	**1,28**	**1,19**	**1,11**	**Durchschnitt**
0,61	1,80	1,71	1,62	1,53	1,44	1,35	1,26	1,17	Durchschnitt

0,62	2,00	1,90	1,80	1,70	1,60	1,50	1,40	1,30	Durchschnitt
0,63	2,10	2,00	1,89	1,79	1,68	1,58	1,47	1,37	Gut
0,64	2,30	2,19	2,07	1,96	1,84	1,73	1,61	1,50	Gut
0,65	**2,40**	**2,28**	**2,16**	**2,04**	**1,92**	**1,80**	**1,68**	**1,56**	**Gut**
0,66	2,60	2,47	2,34	2,21	2,08	**1,95**	1,82	1,69	**Sehr gut**
0,67	2, 80	2,66	2,52	2,38	2,24	**2,10**	1,96	1,82	Sehr gut
0,68	3,00	2,85	2,70	2,55	2,40	2,25	2,10	1,95	Sehr gut
0,69	3,20	3,04	2,88	2,72	2,56	2,40	2,24	2,08	Sehr gut
0,70	**3,40**	**3,23**	**3,06**	**2,89**	**2,72**	**2,55**	**2,38**	**2,21**	**Sehr gut**

Die Normleistungstabelle ermöglicht eine interindividuelle Bewertung des Trainingszustandes der Klientin, bezogen auf die allgemeine aerobe Ausdauerleistungsfähigkeit. Eine weibliche Durchschnittsperson im Alter von 51 Jahren sollte 1,83 Watt/kg (2,5 Watt/kg*0,99$^{(51-30)}$) Maximalleistung im Vita-Maximal-Test erbringen. Die aerobe Kapazität kann bei ca. Zweidrittel dieser Maximalleistung für eine normal leistungsfähige Person veranschlagt werden. Die Werte repräsentieren das Leistungsvermögen nach dieser Zweidrittel-Bewertung.

Die Klientin im Alter von 51 Jahren mit einer relativen Watt-Soll-Leistung von 2,09 Watt/kg Körpergewicht hat eine sehr gute Ausdauerleistungsfähigkeit.

1.3 Gesundheits- und Leistungsstatus der Person

Die Klientin ist eine Gesundheitssportlerin. Bezüglich der Trainingsmotive stehen die allgemeine Fitness, Primärprävention und die Regenerationsfähigkeit im Vordergrund. Die bisherigen sportlichen Aktivitäten im Kraftausdauerbereich sind als moderat zu werten. Die Klientin schätzt ihre allgemeine Fitness und Befindlichkeit selbst als sehr gut ein. Die Klientin ist Nichtraucherin, gesund ernährt und bereits regelmäßig sportlich aktiv. Es wurde bereits mit Laufbändern, Crosstrainern und Fahrradergometern trainiert, sodass zumindest mit einer Grundlagenkoordination gerechnet werden kann. Bezüglich orthopädischer oder internistischer Kontraindikationen ist einschränkend lediglich festzuhalten, dass die Klientin auf Ausbelastung auf dem Fahrradergometer schon mit anschließender Migräne reagiert hat. Bei Auftreten dieser Beschwerden werden diese durch das Medikament Ascotop® behandelt. Der behandelnde Arzt empfiehlt ein präventives Ausdauertraining. Da diese Problematik bei anderen Bewegungsformen bisher nicht aufgetreten ist, werden die hohen Blutdruckspitzen bei ausbelastender Fahrradergometrie als Ursache vermutet. Dieses Problem tritt außerdem gelegentlich in der Menstruationswoche auf, weshalb diese Zeit mit Entlastungszyklen gleichgeschaltet werden soll. Die Klientin hat einen sehr guten Gesundheitszustand und ein gutes Immunsystem. Es gibt keine Kontraindikationen bezüglich des Bewegungsapparates, der Wirbelsäule, des Gelenk- oder Knochenzustandes, der Muskulatur, des Stoffwechsels, des Atmungs- oder Herz-Kreislaufsystems oder des Hormonstatus. Die biometrischen Körperkompositionsparameter (BMI=19,31 kg/m^2, THQ=0,78, WtHR=0,41, KFA=27,7%) sind primärpräventiv optimal. Veränderungen sind nicht notwendig. Der Blutdruck in Ruhe ist auch als optimal zu werten. Der Morgenpuls ist bereits unterdurchschnittlich niedrig. Im Vergleich zu den Referenzwerten zur kardiovaskulären und allgemeinen Mortalität (Strasser, 2015; Zhang, Shen & Qi, 2015), hat die Klientin kein erhöhtes Risiko für das Auftreten von Herz-Kreislauf-Krankheiten. Das allgemeine Sterberisiko könnte allerdings im Rahmen einer Risikofaktorenelimination durch eine Senkung der Ruheherzfrequenz um 9 Schläge pro Minute von 54 S/min auf 45 S/min um ca. 9 % gesenkt werden. Der wöchentliche Energieumsatz durch sportliche Aktivität von 825 Kilokalorien pro Woche, ist aus präventiver Sicht zu gering. Die im IPN®-Test ermittelte Ausdauerleistungsfähigkeit ist sehr gut. Die Adaptationspotenziale eines spezifischen Trainings der Ausdauerleistungsfähigkeit sind erst noch zu erschließen.

2 Zielsetzung / Prognose

Tab. 11: Zieldefinition

Zielsetzung	Kun-denwunsch	Ist-Zustand	Soll-Zustand	Ausmaß & Zeitbedarf	Begründung
Steigerung des wöchentlichen Energieumsatzes durch Einführung in das Optimalprogramm für das Ausdauertraining zur Verbesserung der Gesundheit (modifiziert nach Zintl & Eisenhut, 2013, S. 141-144; American College of Sports Medi-	Verbesserung der allgemeinen Fitness und optimale Prävention von Herz-Kreislauf-Erkrankungen	Der wöchentliche Energieumsatz durch sportliche Aktivität liegt aktuell bei **ca. 825 Kilokalorien pro Woche.**	„Aus der Sicht des Energieverbrauchs ist ein Optimum an Prävention erreicht, wenn **wöchentlich ca. 3000 kcal (12600kJ)** durch sportliche Ausdaueraktivitäten umgesetzt werden" (Zintl & Eisenhut, 2013, S.	Auf Grund der sehr guten Ausdauerleistungsfähigkeit im IPN-Test wird der Klientin zugetraut direkt in das Optimalprogramm für eine Gesundheitsstabilität und eine gute allgemeine Fitness einzusteigen, womit eine **sofortige Steigerung des wöchentlichen Energieumsatzes um 2150 kcal/Woche** einhergeht.	Ein Optimum an Prävention und eine gute allgemeine Fitness sollen erreicht werden. Eine Langzeitstudie von Paffenberger, Wing & Hyde (1978) an 16.936 Männern im Alter von 35 bis 74 Jahren zeigte einen Zusammenhang zwischen ausreichend hoher körperlicher Aktivität (ca. 2000-2999 kcal/Woche) und einem **ca. 64% niedrigeren Herzinfarktrisiko** als bei

			142).		weniger aktiven Personen. Höhere Trainingsumfänge bedeuten keinen Mehreffekt für die Gesundheit.
cine (ACSM), 1998a, S. 17-86; Urhausen & Kindermann, 2003, S. 35-50)					
Steigerung der **(relativen) Zweidrittel-Watt- (Soll-) Leistung** im **IPN®-** Test durch Ökonomisierung der Herz-Kreislauf-Arbeit unter Belastung	Verbesserung der allgemeinen Fitness im Sinne der Grundlagenausdauer	Im IPN®-Test nach dem Testschema der WHO (2000) wurde eine Zweidrittel-Wattleistung von **125 Watt** und damit eine körpergewichtsbezogene relative Zweidrittel-Watt-Soll-Leistung von **2,09 Watt/kg** erbracht.	Die Zweidrittel-Watt-Leistung soll auf **150 Watt** gesteigert werden und damit auf eine relative Zweidrittel-Watt-Soll-Leistung von **2,5 Watt/kg** Körpergewicht.	Innerhalb von **10-12 Wochen** soll die (relative) Zweidrittel-Watt-(Soll-) Leistung um **ca. 20% auf 150 Watt bzw. 2,5 Watt/kg** Körpergewicht gesteigert werden.	„Auch beim Optimalprogramm zeigen sich Trainingswirkungen in Zeitspannen von **10-12 Wochen** in der Art, dass die aerobe Ausdauer gegenüber einem entsprechenden Ausgangsniveau (ca. 45 ml/kg/min rel. VO$_{2max}$) um **ca. 20% gesteigert werden kann**" (Zintl & Eisenhut, 2013, S. 145).
Senkung der **Ruheherzfrequenz am Morgen** in den primärpräventiven Optimalbereich durch Ökonomisierung der Herzarbeit in Ruhe	Optimale Prävention von Herz-Kreislauf-Erkrankungen	Derzeit beträgt der durchschnittliche Morgenpuls **54 Schläge pro Minute.**	Ausgehend von **45 Herzschlägen pro Minute** führt jede Erhöhung der Ruheherzfrequenz um 10 Schläge/Minute zu einer Steigerung des Sterberisikos um 9% (Strasser, 2015; Zhang, Shen & Qi, 2015).	Der Morgenpuls soll langfristig um **bis zu 9 S/min** in Richtung des primärpräventiven Optimalbereiches von 45 S/min gesenkt werden. Durch ein 20 wöchiges Ausdauertraining im moderaten bis hochintensiven Bereich kann die Ruheherzfrequenz um **1,9 bis 3,4 S/min** gesenkt werden (Wilmore et al., 1996). Durch ein hochintensives Ausdauertraining kann die Ruheherzfrequenz nach den Untersuchungsergebnissen von Liomaala, Huikuri, Oja, Pasanen und Vuori (2000) sogar um **6 S/min** gesenkt werden.	„Eine Verbesserung des Trainingszustandes geht mit einer allmählichen Senkung der Ruheherzfrequenz einher" (Janssen & Weineck, 2003, S. 50).

3 Trainingsplanung Mesozyklus

3.1 Grobplanung Mesozyklus

Tab. 12: Grobplanung Mesozyklus nach dem Gesundheitsoptimalprogramm (Zintl & Eisenhut, 2013, S. 141-144)

Dauer des Mesozyklus	8 Wochen
Übergeordnete spezifische Trainingszielsetzung	Verbesserung und Stabilisierung der Gesundheit und allgemeinen Fitness, Verbesserung der Leistungsfähigkeit des Herz-Kreislauf-Systems und des Stoffwechsels, Optimum an Prävention durch Steigerung des Energieverbrauchs auf ca. 3000 kcal/Woche
Angestrebter wöchentlicher Gesamttrainingsumfang	Nach dem Gesundheitsoptimalprogramm sollte die **wöchentliche Bruttobelastungszeit 3 Stunden (2-4 Std.) betragen** (Zintl & Eisenhut, 2013, S. 141).
Angestrebter wöchentlicher Gesamtenergieverbrauch	„Aus der Sicht des Energieverbrauchs ist ein Optimum an Prävention erreicht, wenn **wöchentlich ca. 3000 kcal (12600kJ) durch sportliche Ausdaueraktivitäten** umgesetzt werden" (Zintl & Eisenhut, 2013, S. 142).
Trainingsmethode(n)	„Als Trainingsmethoden kommen neben der **extensiven Dauermethode** (bei einstündiger Belastung) vor allem die **intensive Dauermethode** und die **variable Dauermethode** (bei halbstündiger Belastung) sowie eben Belastungen im AANÜ zur Anwendung" (Zintl & Eisenhut, 2013 S. 142).
Belastungsintensität(en)	„Im Gesundheitstraining wird die Belastungsintensität aus praktischen Gründen gerne über die Herzfrequenz gesteuert" (Zintl & Eisenhut, 2013, S. 142). Nach dem Gesundheitsoptimalprogramm kann die Belastungsintensität **70-80%** (Neumann, 1984) der **Herz-Kreislauf-Leistung (Hfmax)** betragen. Um prozentuale submaximale Intensitäten, in Abhängigkeit von der maximalen Herzfrequenz zur Belastungssteuerung heranziehen zu können, ohne vorher einen sportmedizinischen Ausbelastungstest durchführen zu müssen, soll die maximale Herzfrequenz mit Hilfe einer altersbezogenen Faustformel abgeschätzt werden. Nach den Faustformeln zur Vorhersage der maximalen Herzfrequenz (ACSM, 1998b, S. 975 ff.; Kindemann, 1987, S. 244-268; Rost & Appell, 2001, S. 405; Schwarz, Schwarz, Urhausen & Kindermann, 2002, S. 293) beträgt die **maximale Herzfrequenz beim Laufen ca. 220-51 S/min (+/-10-12 S/min)**, also **ca. 169 S/min (+/- 10-12 S/min)**, und **für das Fahrrad ca. 200-51 S/min (+/- 10-12 S/min)**, also **ca. 149 S/min (+/- 10-12 S/min)**. Aus den Angaben zur maximalen Herzfrequenz resultiert für das **Laufen (und den Hill-Climber)**, bei einer Belastungsintensität von **70% der Hfmax**, eine **Pulsobergrenze von 130 S/min** und eine **Pulsuntergrenze von 106 S/min** und bei einer Belastungsintensität von **80% der Hfmax** eine **Pulsobergrenze von 147 S/min** und eine **Pulsuntergrenze von 123 S/min**. Für das Fahrrad ergibt sich für **70% der Hfmax** eine **Pulsobergrenze von 116 S/min** und eine **Pulsuntergrenze von 92 S/min** und für **80 % der Hfmax** eine **Pulsobergrenze von 131 S/min** und eine **Pulsuntergrenze von 107 S/min**.
Trainingshäufigkeit pro Woche	„Trainingsphysiologische Untersuchungen haben ergeben, dass die Trainingshäufigkeit für eine optimale Wirkung bei minimal **3 Trainingseinheiten pro Woche** liegen soll" (Zintl & Eisenhut, 2013, S. 142).
Trainingsdauer für die Trainingseinheiten	Nach dem Gesundheitsoptimalprogramm sollte die Belastungsdauer (kontinuierlich) bei 3 Trainingseinheiten pro Woche **60 Minuten bzw. maximal 70 Minuten** betragen (Zintl & Eisenhut, 2013, S. 142).
Ausdauergeräte	Laufband, Hill-Climber und das Fahrradergometer

3.2 Detailplanung Mesozyklus

Tab. 13: Detailplanung Mesozyklus nach dem Gesundheitsoptimalprogramm (Zintl & Eisenhut, 2013, S. 141-144)

Woche 1	Montag	Mittwoch	Freitag
Trainingsziel(e)	Entwicklung der GA1	Entwicklung der GA1	Entwicklung der GA2
Trainingsmethode(n)	Extensive Dauermethode	Extensive Dauermethode	Variable Dauermethode
Trainingsintensitäten in Hfmax	70 % Hfmax →	70 % Hfmax →	70-80% Hfmax →
(Pulsober- und –untergrenze	130-106 S/min	130-106 S/min	116-92 S/min (10min)
in S/min)			131-107 S/min (10min)
Trainingsdauer	60 Minuten	70 Minuten	70 Minuten
Bewegungsform(en)	Hill-Climber	Laufband	Fahrrad
Woche 2	**Montag**	**Mittwoch**	**Freitag**
Trainingsziel(e)	Entwicklung der GA1	Stabilisierung der GA1	Entwicklung der GA2
Trainingsmethode(n)	Extensive Dauermethode	Extensive Dauermethode	Intensive Dauermethode
Trainingsintensitäten in Hfmax	70 % Hfmax →	70 % Hfmax →	80% Hfmax→
(Pulsober- und –untergrenze	130-106 S/min	130-106 S/min	147-123 S/min
in S/min)			
Trainingsdauer	70 Minuten	60 Minuten	60 Minuten
Bewegungsform(en)	Hill-Climber	Laufband	Laufband
Woche 3	**Montag**	**Mittwoch**	**Freitag**
Trainingsziel(e)	Entwicklung der GA2	Stabilisierung der GA1	Entwicklung der GA2
Trainingsmethode(n)	Variable Dauermethode	Extensive Dauermethode	Intensive Dauermethode
Trainingsintensitäten in Hfmax	70-80% Hfmax →	70 % Hfmax →	80% Hfmax→
(Pulsober- und –untergrenze	130-106 S/min (10min)	116-92 S/min	147-123 S/min
in S/min)	147-123 S/min (10min)		
Trainingsdauer	70 Minuten	70 Minuten	60 Minuten
Bewegungsform(en)	Hill-Climber	Fahrrad	Laufband
Woche 4	**Montag**	**Mittwoch**	**Freitag**
Trainingsziel(e)	Stabilisierung der GA1	Stabilisierung der GA1	Stabilisierung der GA1
Trainingsmethode(n)	Extensive Dauermethode	Extensive Dauermethode	Extensive Dauermethode
Trainingsintensitäten in Hfmax	70 % Hfmax →	70 % Hfmax →	70 % Hfmax →
(Pulsober- und –untergrenze	130-106 S/min	116-92 S/min	130-106 S/min
in S/min)			
Trainingsdauer	70 Minuten	60 Minuten	70 Minuten
Bewegungsform(en)	Laufband	Fahrrad	Laufband
Woche 5	**Montag**	**Mittwoch**	**Freitag**
Trainingsziel(e)	Entwicklung der GA2	Stabilisierung der GA1	Entwicklung der GA1
Trainingsmethode(n)	Variable Dauermethode	Extensive Dauermethode	Extensive Dauermethode
Trainingsintensitäten in Hfmax	70-80% Hfmax →	70 % Hfmax →	70 % Hfmax →
(Pulsober- und –untergrenze	116-92 S/min (10min)	130-106 S/min	130-106 S/min
in S/min)	131-107 S/min (10min)		
Trainingsdauer	70 Minuten	70 Minuten	70 Minuten
Bewegungsform(en)	Fahrrad	Laufband	Hill-Climber
Woche 6	**Montag**	**Mittwoch**	**Freitag**
Trainingsziel(e)	Entwicklung der GA2	Stabilisierung der GA1	Entwicklung der GA2
Trainingsmethode(n)	Variable Dauermethode	Extensive Dauermethode	Intensive Dauermethode
Trainingsintensitäten in Hfmax	70-80% Hfmax →	70 % Hfmax →	80% Hfmax→
(Pulsober- und –untergrenze	130-106 S/min (10min)	130-106 S/min	131-107 S/min
in S/min)	147-123 S/min (10min)		

Trainingsdauer	70 Minuten	70 Minuten	60 Minuten
Bewegungsform(en)	Hill-Climber	Laufband	Fahrrad
Woche 7	**Montag**	**Mittwoch**	**Freitag**
Trainingsziel(e)	Entwicklung der GA2	Stabilisierung der GA1	Entwicklung der GA2
Trainingsmethode(n)	Intensive Dauermethode	Extensive Dauermethode	Intensive Dauermethode
Trainingsintensitäten in Hfmax	80% Hfmax→	70 % Hfmax →	80% Hfmax→
(Pulsober- und –untergrenze	147-123 S/min	130-106 S/min	131-107 S/min
in S/min)			
Trainingsdauer	60 Minuten	70 Minuten	60 Minuten
Bewegungsform(en)	Hill-Climber	Laufband	Fahrrad
Woche 8	**Montag**	**Mittwoch**	**Freitag**
Trainingsziel(e)	Stabilisierung der GA1	Stabilisierung der GA1	Stabilisierung der GA1
Trainingsmethode(n)	Extensive Dauermethode	Extensive Dauermethode	Extensive Dauermethode
Trainingsintensitäten in Hfmax	70 % Hfmax →	70 % Hfmax →	70 % Hfmax →
(Pulsober- und –untergrenze	130-106 S/min	116-92 S/min	130-106 S/min
in S/min)			
Trainingsdauer	70 Minuten	70 Minuten	70 Minuten
Bewegungsform(en)	Laufband	Fahrrad	Laufband

3.3 Begründung zum Mesozyklus

Tab. 14: Begründung zum Mesozyklus

Begründung zum angestrebten wöchentlichen Belastungsumfang	„Damit eine günstige Konstellation des Fettstoffwechsels erreicht wird, sind mindestens 2-4 Std (Israel, 1979; Neumann, 1984) Belastungsumfang pro Woche notwendig. Als Optimum werden 3 Stunden erachtet" (Zintl & Eisenhut, 2013, S. 142). „Aus der Sicht des Energieverbrauchs ist ein Optimum an Prävention erreicht, wenn wöchentlich ca. 3000 kcal (12600kJ) durch sportliche Ausdaueraktivitäten umgesetzt werden" (Zintl & Eisenhut, 2013, S. 142). Dieser Forderung entspricht in etwa bei einer 60kg schweren Person und bei einer Laufgeschwindigkeit von 12-16 km/h eine Laufstrecke von ca. 48 km pro Woche bzw. ein 12-16-km-Lauf an 60 min an 3-4 Tagen/Woche (Zintl & Eisenhut, 2013, S. 143). Auf Grund der im IPN-Test ermittelten sehr guten Ausdauerleistungsfähigkeit ist der Klientin dieser hohe Belastungsumfang zuzutrauen. Das Trainingsziel der Klientin ist eine optimale Prävention von Herz-Kreislauf-Krankheiten und eine Verbesserung der allgemeinen Fitness. Eine Langzeitstudie von Paffenberger, Wing & Hyde (1978) an 16.936 Männern im Alter von 35 bis 74 Jahren zeigte einen Zusammenhang zwischen ausreichend hoher körperlicher Aktivität (ca. 2000-2999 kcal/Woche) und einem ca. 64% niedrigeren Herzinfarktrisiko als bei weniger aktiven Personen.
Begründung zu den ausgewählten Trainingsmethoden	Die **extensive Dauermethode** mit einer Belastungsintensität von **70-75% der Hfmax** und **60-70 Minuten** Belastungsumfang nach Gesundheitsoptimalprogramm kommt zur Entwicklung einer guten Grundlagenausdauer, zur Ökonomisierung der Herz-Kreislauf-Arbeit und der Bewegungstechnik, zur Verbesserung der peripheren Durchblutung, zur Erweiterung des aeroben Stoffwechsels mit Verbesserung der Fettverbrennung, zur Ausbildung einer Vagotonie und eines stabilen Bewegungsstereotyps (ST-Faser-Rekrutierung), zur Stärkung des Immunsystems, zur Senkung des Ruhepulses und zur Stabilisierung eines erhöhten Leistungsniveaus als Basismethode schwerpunktmäßig zum Einsatz (Zintl & Eisenhut, 2013, S. 119). Die **intensive Dauermethode** mit einer Belastungsintensität von **80% Hfmax** (Bereich anaerobe Schwelle) und **60 Minuten** Belastungsumfang nach Gesundheitsoptimalprogramm kommt zur Entwicklung des Herz-Kreislauf-Systems (Herz, Sauerstofftransportkapazität), zur Erweiterung der aeroben Kapazität (VO2max über zentralen und peripheren Faktor), zur Verbesserung des aeroben Stoffwechsels unter Glykogennutzung und anschließender Superkompensation, zur Nutzung des Laktat-Steady-State (Laktatbildung und –kompensation), zur Ausbildung eines Bewegungsstereotyps, zur Kapillarisierung der Skelettmuskulatur, zur Anhebung der IANS/ANS und als Laktatkompensations- und Glykogenstoffwechseltraining (Speichervergrößerung, Dauer >45 Min.) zum Einsatz (Zintl & Eisenhut, 2013, S. 119-120). Die **variable Dauermethode** mit einem systematischen Wechsel der Belas-

15/21

	tungsintensität von **10 Minuten bei 70% der Hfmax und 10 Minuten bei 80% der Hfmax** bei einem Belastungsumfang von **70 Minuten** (kongruent mit Gesundheitsoptimalprogramm) kommt für Anpassungen im Herz-Kreislauf-System, in der Skelettmuskulatur und im vegetativen Bereich zur Erweiterung der aeroben Kapazität (Dauer > 45 Min.), zur verbesserten Umstellung zwischen rein aerober und gemischt aerob-anaerober Energiebereitstellung, zur verbesserten Laktatkompensation und – elimination, zur Erhöhung der Belastungsverträglichkeit bei wechselnder Energiebereitstellung, zur Beschleunigung der Wiederherstellung bei intermittierenden Belastungsphasen und zur Verhinderung der Stabilisierung unerwünschter Belastungsstereotypen zum Einsatz (Zintl & Eisenhut, 2013, S. 120).
Begründung zur Belastungsprogression	„Weitere Steigerungen im Trainingsprogramm haben präventiv-gesundheitlich keinen Wert. Es wird dann in den Bereich des Leistungstrainings vorgedrungen" (Zintl & Eisenhut, 2013, S. 142). Für Belastungssteigerungen innerhalb des Gesundheitsoptimalprogramms (Zintl & Eisenhut, 2013, S. 141-144) soll der Grundsatz gelten: „Häufigkeit vor Umfang vor Intensität!" (Kettenis & Eifler, 2015, S. 188) dienen. Wegen des zeitlichen Verfügungsrahmens der Klientin ist die Belastungssteigerung über die Häufigkeit allerdings nicht möglich. Daher soll zuerst die Belastungsdauer von 60 Minuten auf 70 Minuten erhöht werden und danach die Belastungsintensität im Rahmen der Methodenauswahl. Ein Belastungs-/Entlastungsverhältnis von 3:1 wird innerhalb des Mesozyklus umgesetzt und ein Belastungs-/Entlastungsverhältnis von 2:1 über die Mikrozyklen. Woche 4 und 8 dienen der Stabilisierung der GA1.
Begründung zu angesteuerten Trainingsbereichen	„Bei Einsatz von mehr als ca. 15% der Skelettmuskulatur – also bei allgemeiner Ausdauer – ist die Leistungsfähigkeit bei dynamischer Arbeitsweise vor allem von der Kapazität des kardiopulmonalen Systems, vom Stoffwechsel und von der disziplinspezifischen Koordination bestimmt" (Zintl & Eisenhut, 2013, S. 34). Ungefähr Zweidrittel des Trainings entfallen auf GA1-Training mittels der extensiven Dauermethode und ein Drittel auf GA2-Training mittels der intensiven und variablen Dauermethode.
Begründung der ausgewählten Ausdauergeräte/Bewegungsformen	„Allg. GLA kann unspezifisch erworben werden. Deshalb sind eigentlich alle zyklischen Bewegungsformen geeignet, soweit sie mehr als 1/6 der Skelettmuskulatur beanspruchen und über längere Zeit durchzuführen sind" (Zintl & Eisenhut 2013, S. 143). Unter dem Aspekt des Kalorienverbrauchs erachten Zintl und Eisenhut (2013, S. 143) die Bewegungsformen „Laufen, Bergaufgehen (auch mit Skistöcken), Skilanglaufen, Skirollerlaufen, Eisschnelllaufen, Rudern (auch Heimtrainer), Radfahren und Schwimmen" als besonders geeignet und wirkungsvoll. Für die Umsetzbarkeit beim FitnessTreff Lindemann werden daher das Laufband, der Hill-Climber und das Fahrradergometer ausgewählt.

4   Literaturrecherche

Tab. 15: Ergebnis der Literaturrecherche zu Effekten des Ausdauertrainings bei Übergewicht / Adipositas

Titel	„Effects of high-intensity circuit training, low-intensity circuit training and endurance training on blood pressure and lipoproteins in middle-aged overweight men"	„Effects of Endurance and Endurance Strenght Training on Body Composition and Physical Capacity in Women with Abdominal Obesity"
Autorenschaft	Paoli, A., Pacelli, Q.F., Moro, T., Marcolin, G., Neri, M., Battaglia, G., Sergi, G., Bolzetta, F., Bianco, A.	Skrypnik, D., Bogdanski, P., Madry, E., Karolkiewicz, J., Ratajczak, M., Krysciak, J., Pupek-Musialik, D., Walkowiak, J.
Publikation	Dezember 2013 in *Lipids in Health and Disease (12)* 131	Juni 2015 in *Obesity Facts (8)* 175-187
Versuchspersonen	Untersucht wurden 58 gesunde, untrainierte Männer im Alter von 61 +/- 3,3 Jahren ohne Kontraindikationen außer Übergewicht (BMI 29,8 +/- 0,9 kg/m²). Ausschlusskriterien waren kürzliche Myokardinfarkte, starke Herzrhythmusstörungen, instabile Angina Pectoris, unzureichend	Untersucht wurden 44 Frauen mit abdominalem Übergewicht im Alter zwischen 18 und 65 Jahren, einem BMI über 30 kg/m², einem Taillenumfang über 80 cm und einem Körperfettanteil über 33%. Ausschlusskriterien waren Adipositas 2. Grades, Hypertonie Stufe 2, Diabetes mellitus Typ 2, koronare Herzkrankheit, Herzinfarkt (inkl. ischämische Attacken), kongestive Herzinsuffizi-

Versuchs-personen	eingestellte Hypertonie und Diabetes mellitus, Ektokardie, signifikante kognitive Dysfunktionen (die Fähigkeit der Trainingsdurchführung beeinflussend), akute, entzündliche Arthritis und Osteoporose.	enz, Herzrhythmusstörungen, Reizleitungsstörungen, Tumorerkrankungen, die Einnahme diätetischer Nahrungsergänzungsmittel in den vorangegangenen 3 Monaten, unzureichend eingestellte Hypertonie, Dyslipoproteinämien, abnormale Leber-, Nieren- oder Schilddrüsenfunktion, akute oder chronische entzündliche Atemwegserkrankungen, Störungen des Verdauungs- oder Urogenitaltraktes, Mund-. Rachen- und Nasennebenhöhnenerkrankungen. Kollagenopathie, Arthritis, Infektkrankheiten im vorangegangenen Monat, Nikotin-, Alkohol- oder Drogenabusus, Schwangerschaft, Laktation.
Versuchs-aufbau	Durch Poster- und E-Mail-Werbung wurden Probanden für die klinische Untersuchung gesucht. Die 58 Probanden wurden zufällig einer von 3 Gruppen zugewiesen und trainierten alle über 12 Wochen 3 mal wöchentlich für 50 min pro Trainingseinheit. Die erste Gruppe absolvierte ein hochintensives Kreistraining (n=19), die zweite Gruppe ein niedrig intensives Kreistraining (n=19) und die dritte Gruppe machte klassisches Ausdauertraining (n=20). Alle 58 Probanden absolvierten dieselbe Diät. Vor und nach dieser Interventionen wurden kardiovaskuläre Risikofaktoren erhoben. Genauer wurde das Körpergewicht, das Körperfett, diastolischer und systolischer Blutdruck, das Gesamtcholesterol, das LDL-Cholesterol, das HDL-Cholesterol, die Neutralfette, das Apolipoprotein B und das Größenverhältnis von Apolipoprotein B zu Apolipoprotein A1 gemessen.	Von 163 in der ambulanten Klinik (Department of Internal Medicine, Metabolic Disorders, and Hypertension, University of Medical Sciences, Poznan, Poland) registrierten Frauen mit Adipositas wurden 44 in die Studie einbezogen. Die 44 Probandinnen mit abdominaler Adipositas wurden zufällig zwei Gruppen zugewiesen und trainierten alle über 12 Wochen 3 mal wöchentlich für 60 min pro Trainingseinheit. Die erste Gruppe (n=22) absolvierte ein Ausdauertraining (45 min Fahrradergometer bei 50-80% der HFmax) und die zweite Gruppe (n=22) ein Kraftausdauertraining (20 min bei steigender Wiederholungszahl bis zum PMF). Vor und nach dieser Intervention wurde die Körperkomposition durch Dual-energy X-ray Absorptiometrie und Umfangsmessung und die Leistungsfähigkeit durch einen Belastungsstufentest nach der WHO (2000) auf einem Fahrradergometer erhoben. Die Atemgaszusammensetzung wurde durch ein automatisches System untersucht (Oxycon Mobile®; Viasys Healthcare, Hoechberg, Deutschland). Der Blutdruck wurde durch ein digitales, elektronisches Tensiometer gemessen (Modell 705IT™, Omron Corporation, Kyoto, Japan). Alle Probandinnen wurden angewiesen die bisherige Freizeitaktivität und Ernährungsweise beizubehalten.
Ergebnisse und Schlussfolgerungen	Das hochintensive Kreistraining führte zu einer signifikant höheren Senkung der Fettmasse, des diastolischen Blutdrucks, des Gesamtcholesterols, des LDL-Cholesterols, der Neutralfette, des Apolipoprotein B und einer signifikant größeren Erhöhung des HDL-Cholesterols. Das niedrig intensive Kreistraining führte zur stärksten Senkung des systolischen Blutdrucks. Bei allen drei Gruppen verbesserte sich das Körpergewicht signifikant ohne signifikante Unterschiede zwischen den Gruppen. Die Ergebnisse weisen darauf hin, dass hochintensives Kreistraining den Blutdruck, die Lipoproteine und die Neutralfette effektiver verbessert als Ausdauertraining oder niedrig intensives Kreistraining.	Sowohl durch Ausdauertraining als auch durch Kraftausdauertraining wurden signifikante Senkungen des Körpergewichts, des Body-Mass-Index, der Körperfettmasse, des Taillen- sowie Hüftumfangs erreicht. In der Kraftausdauertrainingsgruppe wurde zusätzlich die fettfreie Körpermasse gesteigert. In beiden Gruppen wurde die maximale Sauerstoffaufnahme (VO_{2max}), die Lungenventilationskapazität, die arterio-venöse Sauerstoffdifferenz ($AVDO_2$) und die maximale, physikalische Arbeitsleistung signifikant gesteigert. Außerdem wurde die Ruheherzfrequenz sowie der systolische und diastolische Blutdruck gesenkt. Es gab keine signifikanten Unterschiede zwischen den Untersuchungsparametern beider Gruppen. Die Ergebnisse belegen vergleichbar günstige Wirkungen von Ausdauer- und Kraftausdauertraining auf anthropometrische Parameter, Körperzusammensetzung, Leistungsfähigkeit und Blutkreislauffunktionen bei Frauen mit abdominaler Adipositas.

5 Literaturverzeichnis

American College of Sports Medicine (ACSM). (1998a). *Resource Manual for Guide lines for Exercise Testing and Prescription* (3. ed.). Philadelphia: Lippincott Williams & Wilkins.

American College of Sports Medicine (ACSM). (1998b). The recommanded quantity and quality of exercise for developing and maintaining cardiorespiratory and muscle fitness, and flexibility in healthy adults. *Medicine Science and Sports Exercise, 30* (6), 975-991.

Ashwell, M., Lejeune, S. & McPerson, K. (1996). Ratio of waist circumference to height may be better indicator of need for weight management. *British Medical Journal,* 312 (7027), 377.

Gallagher, D., Heymsfield, S. B., Heo, M., Jebb, S.A., Murgatroyd, P.R. & Sakamoto, Y. (2000). Healthy percentage body fat ranges: an Approach for developing guidelines based on body mass index. *American Journal of Clinical Nutrition,* 72 (3), 694-701.

Institut für Prävention und Nachsorge (IPN). (2004). *IPN-Test – Ausdauertest für den Fitness- und Gesundheitssport.* Köln: Institut für Prävention und Nachsorge.

International Task Force for Prevention of Coronary Heart Disease. (1998). Coronary Heart Disease: Reducing the Risk. The scientific background for primary and secondary prevention of coronary heart desease. *Nutrition, Metabolism and Cardiovascular Diseases-Journal, 8,* 205-271.

Israel, S., Ehrler, W. & Vietor, G. (1979). *Ausdauertraining und Gesundheit.* Leipzig: Institut für Gesundheitserziehung Deutsches Hygienemuseum.

Janssen, P.G. & Weineck, J. (2003). *Ausdauertraining. Trainingssteuerung über die Herzfrequenz- und Milchsäurebestimmung (3. überarb. u. erw. Aufl.).* Balingen: Spitta.

Kettenis, L. & Eifler, C. (2015). *Studienbrief Trainingslehre II – Gesundheitsorientiertes Ausdauertraining.* Saarbrücken: Deutsche Hochschule für Prävention und Gesundheitsmanagement.

Kindemann, W. (1987). Ergometrie-Empfehlungen für die ärztliche Praxis. *Deutsche Zeitschrift für Sportmedizin, 38* (6), 244-268.

Kraut, H., Kübler, W. & Schütte, E. (Hrsg.) (1981). *Der Nahrungsbedarf des Menschen: 1. Band: Stoffwechsel, Ernährung und Nahrungsbedarf. Engergiebedarf - Proteinbedarf.* Darmstadt: Steinkopff.

Loimaala, A., Huikuri, H., Oja, P., Pasanen, M. & Vuori, I. (2000). Controlled 5-mo aerobic training improves heart rate but not heart rate variability or baroreflex sensivity. *Journal of Applied Physiology 89* (5), 1825-1829.

Mancia, G., Fagard, R., Narkiewicz, K., Redón, J., Zanchetti, A., Böhm, M. et al. (2013). 2013 ESH/ESC Guidelines for the management of arterial hypertension. The task force for the management of arterial hypertension of the European Society of Hypertension (ESH) and of the European Society of Cardiology (ESC). *Journal of Hypertension*, 31 (7), 1281-1357.

Neumann, G. (1984). Sportmedizinische Grundlagen der Ausdauerentwicklung. *Medizin und Sport 24* (6), 174-178.

Paffenberger, R. S. Jr., Wing, A. L., Hyde, R. T. (1978). Physical activity as an index of heart attack risk in college alumni. *American Journal of Epidemiology, 142* (9), 889-903.

Paoli, A., Pacelli, Q.F., Moro, T., Marcolin, G., Neri, M., Battaglia, G. et al. (2013). Effects of high-intensity circuit training, low-intensity circuit training and endurance training on blood pressure and lipoproteins in middle-aged overweight men. *Lipids in Health and Disease, 12,* 131.

Pillmann, N., Schwinger, R. H. & Brixius, K. (2009). Fettstoffwechsel, Geschlecht und Sport. *Blickpunkt Mann, 7* (3), 7-10.

Rost, R. (Hrsg.)., Appell, H.-J., Graf, C., Hartmann, U., Menke, W., Platen, G. et al. (2001). *Lehrbuch der Sportmedizin.* Köln: Deutscher Ärzteverlag.

Schwarz, M., Schwarz, L., Urhausen, A., Ebersohl, A. & Kindermann, W. (2001). Vergleich des Beanspruchungsprofils beim Walking, Jogging und bei der Fahrradergometrie bei unterschiedlich leistungsfähigen Personen. *Deutsche Zeitschrift für Sportmedizin, 52* (4), 292-293.

Skrypnik, D., Bogdanski, P., Madry, E., Karolkiewicz, J., Ratajczak, M., Krysciak, J. et al. (2015). Effects of Endurance and Endurance Strenght Training on Body Composition and Physical Capacity in Women with Abdominal Obesity. *Obesity Facts, 8, 175-187.*

Strasser, R. H. (2015). Höherer Ruhepuls – höheres Sterberisiko. *MMW – Fortschritte der Medizin, 157 (21), 1.*

Trunz, E. & Hamm, M. (2001). *Style your body. Körper in Bestform mit dem Balan cemodell*. München: Midena.

Urhausen, A. & Kindermann, W. (2003). Trainingsempfehlungen im Gesundheitssport. In W. Kindermann, H.-H. Dickhuth, A. Niess, K. Röcker & A. Urhausen (Hrsg.), *Sportkardiologie. Körperliche Aktivität bei Herzerkrankungen* (S. 35-50). Darmstadt: Steinkopff.

Wechsler, J.G., Schusdziarra, V., Hauner, H. & Gries, F.A. (1996). Therapie der Adipositas. *Deutsches Ärzteblatt, 93,* 2214-2218.

Wilmore, J. H., Stanforth, P. R., Gagnon, J., Leon, A. S., Rao, D. C., Skinner, J. S. et al. (1996). Endurance exercise training has a minimal effect on resting heart rate: the HERITAGE Study. *Medicine and Science in Sports and Exercise, 28* (7), 829-835.

World Health Organization: FAO/WHO/UNO. (2000). *Obesity: Preventing and Managing the Global Epidemic – Report of a WHO Consultation*. Geneva: Technical Report Series 894.

Zhang, D., Shen, X. & Qi, X. (2015). Resting heart rate and all-cause and cardiovasku lar mortality in the general population: a meta-analysis. *Canadian Medical Association Journal, 188 (3),* 53-63.

Zintl, F. & Eisenhut, A. (2013). *Ausdauertraining. Grundlagen – Methoden – Trainings steuerung* (8. Aufl., Neuausg.). München: BLV.

6   Tabellenverzeichnis